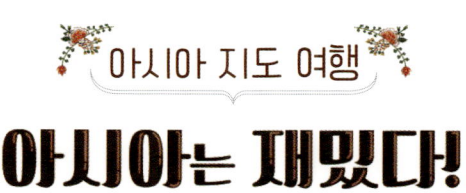

아시아는 재밌다!

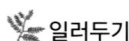# 일러두기

1. 국가·지리 명칭은 『사회과 부도』에 따랐습니다.
2. 각 국가의 인구와 면적은 『사회과 부도』에 따랐으며, 2010년도 자료 기준입니다. 총 인구 조사는 10년에 1번 실시하므로 2010년도 자료가 최근입니다.
3. 국가명과 도시명은 『사회과 부도』에 따랐습니다.

아시아 지도 여행

아시아는 재밌다!

조지욱 글   김소영 그림

사계절

길거리 음식에 국적이 있을까?

그 나라 사람들이 좋아하는 가장 전통적이고 일상적이면서도

유행에 맞게 온갖 국적이 섞인 길거리 음식 말이야.

특히 아시아는 세상에서 가장 넓은 땅, 가장 많은 사람,

다양한 기후와 인종과 문화가 있는 만큼 길거리 음식 또한 특이하고 다양하지.

알록달록 맛나 보이는 온갖 과일부터 특이한 벌레에 동물까지 다 먹어!

우리 아시아 사람들도

고유하면서도 최신 유행을 담아 최고의 맛을 내는 길거리 음식처럼

맛나게, 사이좋게, 재미나게 지내면 참 좋겠어.

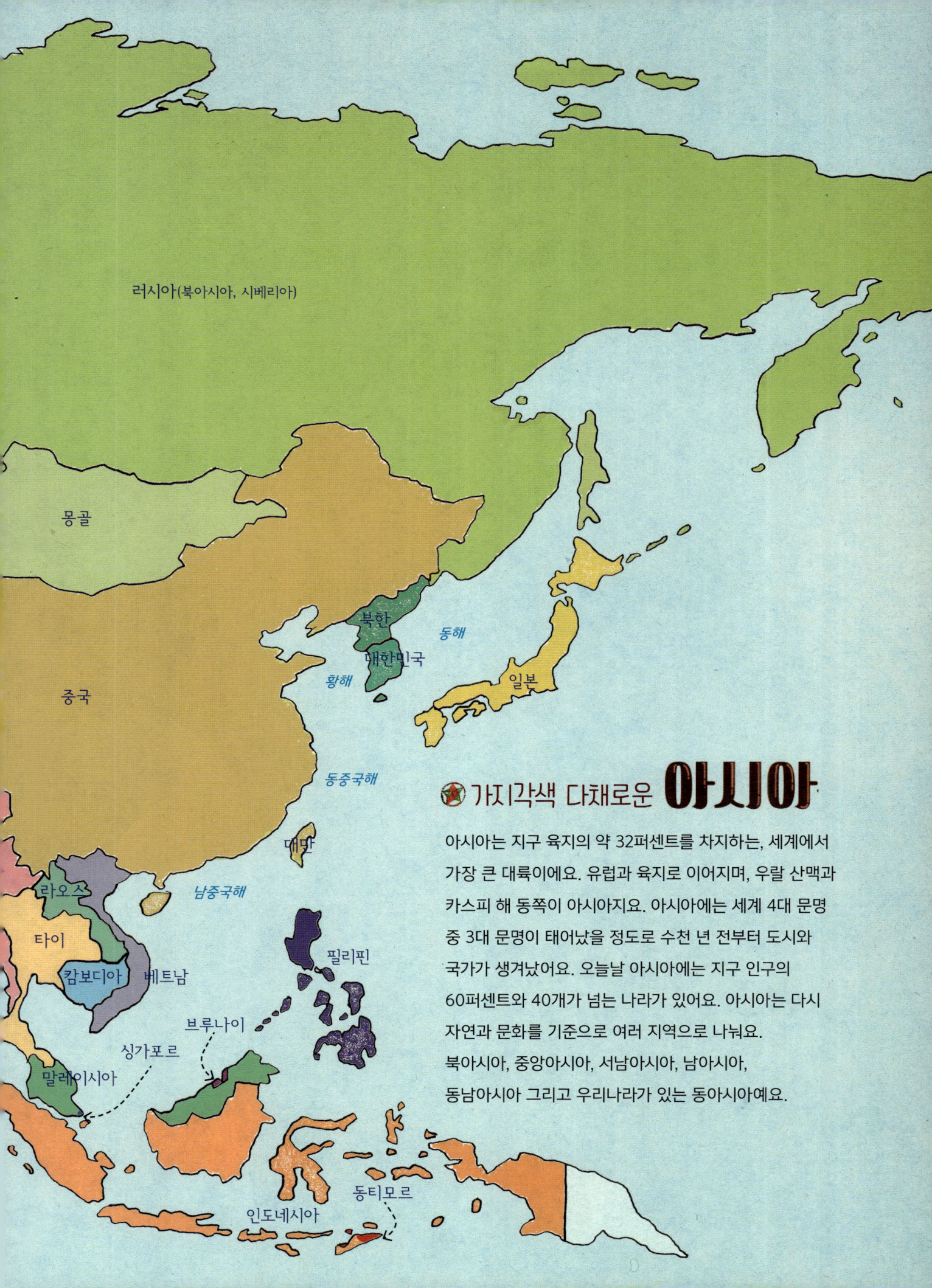

⭐가지각색 다채로운 아시아

아시아는 지구 육지의 약 32퍼센트를 차지하는, 세계에서 가장 큰 대륙이에요. 유럽과 육지로 이어지며, 우랄 산맥과 카스피 해 동쪽이 아시아지요. 아시아에는 세계 4대 문명 중 3대 문명이 태어났을 정도로 수천 년 전부터 도시와 국가가 생겨났어요. 오늘날 아시아에는 지구 인구의 60퍼센트와 40개가 넘는 나라가 있어요. 아시아는 다시 자연과 문화를 기준으로 여러 지역으로 나눠요. 북아시아, 중앙아시아, 서남아시아, 남아시아, 동남아시아 그리고 우리나라가 있는 동아시아예요.

북아시아와 중앙아시아

북아시아는 러시아의 우랄 산맥에서 동쪽의 태평양 연안까지로 러시아 땅의 3분의 2, 아시아 대륙의 4분의 1을 차지하죠. 이곳을 보통 시베리아라 하며 겨울이 춥고 길지만 자원이 풍부하고 여러 소수 민족이 살고 있어요. 중앙아시아는 사막과 초원이 펼쳐진 지역으로 상인들이 귀한 물건을 가지고 다니던 비단길이 지나던 곳이에요. 옛 소련의 지배에서 벗어난 이 나라들은 주로 이슬람교를 믿으며, 나라 이름이 '스탄(나라, 땅)'으로 끝나죠.

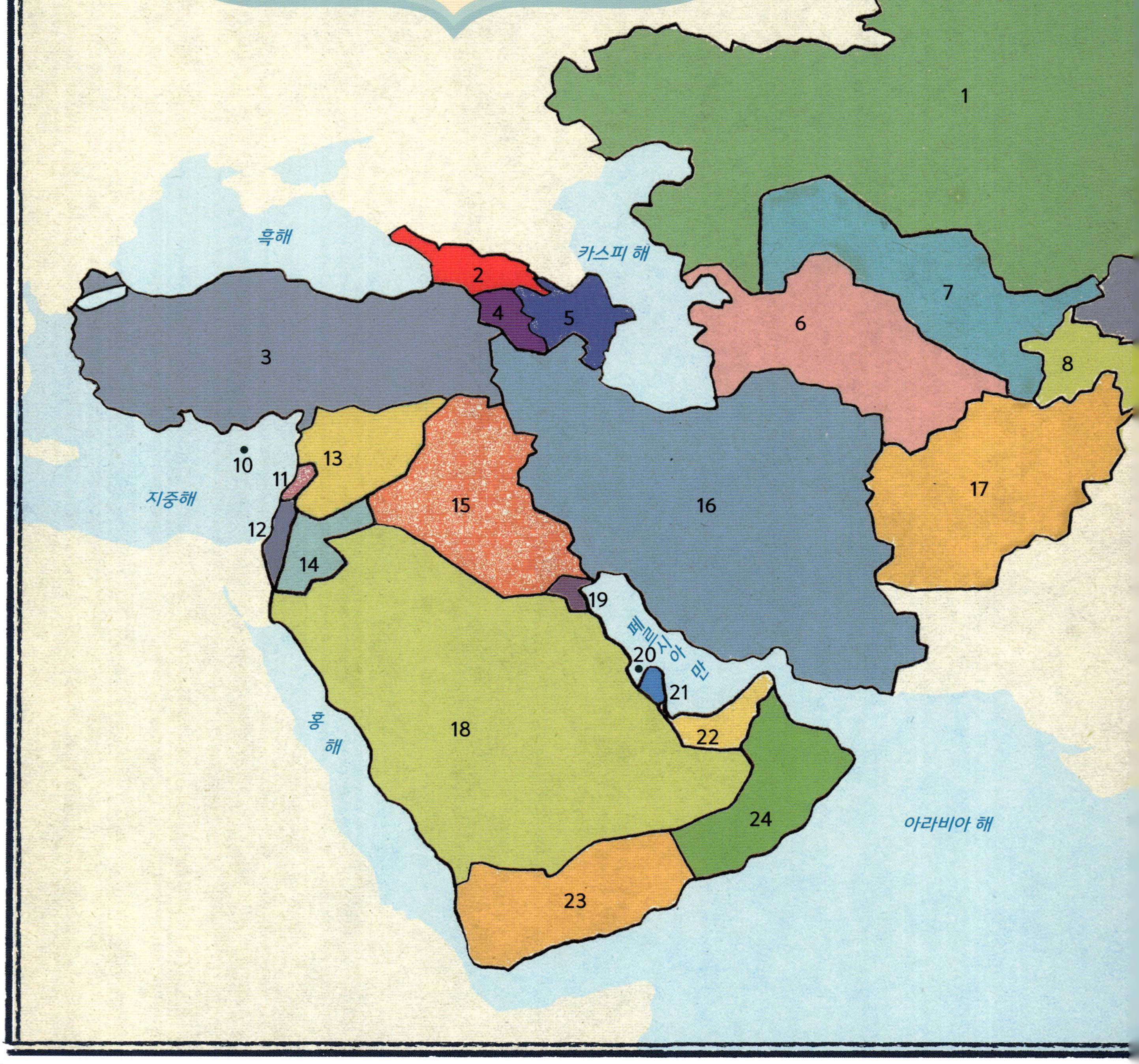

1. 카자흐스탄 수도 : 아스타나 / 인구 : 16,026 / 면적 : 2,725	**13. 시리아** 수도 : 다마스쿠스 / 인구 : 20,411 / 면적 : 185
2 조지아 수도 : 트빌리시 / 인구 : 4,352 / 면적 : 70	**14. 요르단** 수도 : 암만 / 인구 : 6,187 / 면적 : 89
3. 터키 수도 : 앙카라 / 인구 : 72,752 / 면적 : 784	**15. 이라크** 수도 : 바그다드 / 인구 : 31,672 / 면적 : 438
4. 아르메니아 수도 : 예레반 / 인구 : 3,092 / 면적 : 30	**16. 이란** 수도 : 테헤란 / 인구 : 73,974 / 면적 : 1,648
5. 아제르바이잔 수도 : 바쿠 / 인구 : 9,188 / 면적 : 87	**17. 아프가니스탄** 수도 : 카불 / 인구 : 31,412 / 면적 : 652
6. 투르크메니스탄 수도 : 아시가바트 / 인구 : 5,042 / 면적 : 488	**18. 사우디아라비아** 수도 : 리야드 / 인구 : 27,448 / 면적 : 2,150
7. 우즈베키스탄 수도 : 타슈켄트 / 인구 : 27,445 / 면적 : 447	**19. 쿠웨이트** 수도 : 쿠웨이트 / 인구 : 2,737 / 면적 : 18
8. 타지키스탄 수도 : 두샨베 / 인구 : 6,879 / 면적 : 143	**20. 바레인** 수도 : 마나마 / 인구 : 1,262 / 면적 : 0.76
9. 키르기스스탄 수도 : 비슈케크 / 인구 : 5,334 / 면적 : 200	**21. 카타르** 수도 : 도하 / 인구 : 1,759 / 면적 : 12
10. 키프로스 수도 : 니코시아 / 인구 : 1,104 / 면적 : 9.25	**22. 아랍에미리트** 수도 : 아부다비 / 인구 : 7,512 / 면적 : 84
11. 레바논 수도 : 베이루트 / 인구 : 4,228 / 면적 : 10	**23. 예멘** 수도 : 사나 / 인구 : 24,053 / 면적 : 528
12. 이스라엘 수도 : 예루살렘 / 인구 : 7,418 / 면적 : 21	**24. 오만** 수도 : 무스카트 / 인구 : 2,782 / 면적 : 310

북아시아

*초록색은 중앙아시아 국가, 나머지는 서남아시아 국가

· 인구 : 천 명, 2010년
· 면적 : 천㎢, 2010년

서남아시아

서남아시아의 북부와 남부에는 고원이, 그 사이에는 넓고 비옥한 평야가 있어요. 이 평야에서 고대 문명이 꽃피었어요. 서남아시아의 대표 이미지는 사막과 이슬람교 그리고 석유예요. 이슬람교는 종교이자 법이며, 석유는 세계 경제를 좌지우지하는 무기지요. 사막에 사람이 살까요? 사막에도 물을 구할 수 있는 곳에는 도시와 농촌이 있답니다.

중앙아시아의 기대주 카자흐스탄

카자흐스탄 국기

카자흐스탄은 내륙국 중 세계에서 가장 넓어요. 내륙국은 육지로 둘러싸인 나라예요. 국토 대부분이 사막과 초원이고, 북쪽에는 오래전에 개간해서 만든 곡창 지대가 있어요. 유목민의 나라로 알려져 있지만, 오늘날은 석유와 천연가스 등이 풍부한 나라로 더 유명해요. 게다가 천연 자원을 바탕으로 공업과 IT(정보 기술) 산업이 빠르게 발달하고 있어요.

러시아와 카자흐스탄의 국경은 세계에서 가장 긴 국경이야!

국경
시베리아 철도

카자흐스탄에서 가장 큰 은행
BTA 은행

전통 음식 삼사

인도의 빵인 난과 비슷한 빵이야.

전통 음식 리보시까

전통 음식 베스빠르막

아랄은 '섬들의 바다'라는 뜻으로, 1,000개가 넘는 섬이 흩어져 있었어. 그동안 관개 농지로 많이 바뀌어서 지금은 굉장히 작아져 있고 수많은 녹슨 배가 남아 있어.

전통 악기 돔브라

카스피 해

차반이라는 전통 복장을 입고 춤을 춰.

1989년
현재
아랄 해
무이나크

우즈베키스탄 전통 춤

아랄 해 바닥의 배

비단(수자니)

목화
우즈베키스탄 전통 복장

비단길은 고대 중국과 중앙아시아 사이의 무역 교통로였어.

실크로드(비단길)

비단길이 지나는 우즈베키스탄

우즈베키스탄은 국토의 70퍼센트가 평탄하고, 사막과 초원이에요. "우즈베키스탄 사람은 달나라에서도 장사를 할 것이다."라는 속담이 있을 정도로 옛날부터 무역이 발달했어요. 동양과 서양의 장사꾼들이 다니던 '실크로드'가 지나가는 최고의 무역 중심지였지요. 한편 우즈베키스탄에는 '고려인'으로 불리는 우리 민족이 살아요. 약 80년 전 강제로 끌려갔는데, 목화와 벼를 가꾸며 살아남았죠.

뿌리 깊은 나라 이라크

이라크 국기

이라크는 문명의 나라예요. 수천 년 전 유프라테스 강과 티그리스 강이 만든 평원에 도시를 건설하고 메소포타미아 문명을 꽃피웠어요. 그런데 지금 이라크 하면 석유와 전쟁이 떠오르지요. 석유 생산국이지만 여러 번의 전쟁으로 국민 대다수가 어렵게 생활하고 있어요. 하지만 이라크 국민은 대단한 역사와 전통을 가진 사람들이에요. 분명 어려움을 딛고 일어나는 숨겨진 힘을 보여 줄 거예요.

토벽집

1세기에 만들어진 거대한 고대 무덤.

마다인살레의 카스트파리드

- 모술
- 티그리스 강
- 아르빌
- 키르쿠크
- 바그다드 (수도)
- 카르발라
- 바빌론
- 유프라테스 강
- 바스라

고대 유적지로 사원이 많아. 한편 쿠르드 족이 많이 살고 있어 민족과 정치 문제가 복잡한 곳이기도 하지.

바그다드가 바로 『아라비안 나이트』의 배경이었어!

커피는 '까흐와'라는 낱말에서 나왔어. 까흐와가 아랍 어로 커피라는 뜻이거든.

바빌론 왕궁에서 꾸몄던 옥상 정원이야.

세계 최대 대추야자 생산지! 1921년 58.8도로 세계 최고 기온을 기록한 적도 있어.

수메르 인이 새긴 조각

사마라 대사원의 알 말위야 첨탑

스텝

아라비안 나이트

이슬람교 경전 코란

커피

바빌론 공중 정원

차이 티

강력한 이슬람 국가 사우디아라비아

사우디아라비아는 아라비아 반도 대부분을 차지해요. 한반도보다 약 10배 넓고, 국토의 95퍼센트가 사막이거나 초원이에요. 그래서 많은 사람들이 유목과 오아시스 농사를 하며 살죠. 지금은 석유를 팔아 잘사는 나라가 되었어요. 그 돈으로 여러 도시를 건설했고, 많은 사람들이 도시로 이동하고 있어요. 한편 사우디아라비아는 이슬람 세계에서 가장 엄격한 종교 규율을 따르는 국가예요. 어느 정도인지 알면 깜짝 놀랄 거예요!

사우디아라비아 국기

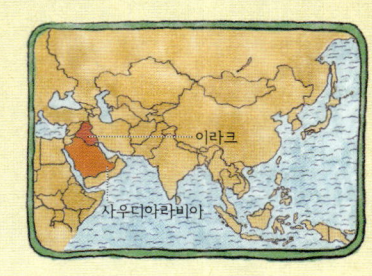

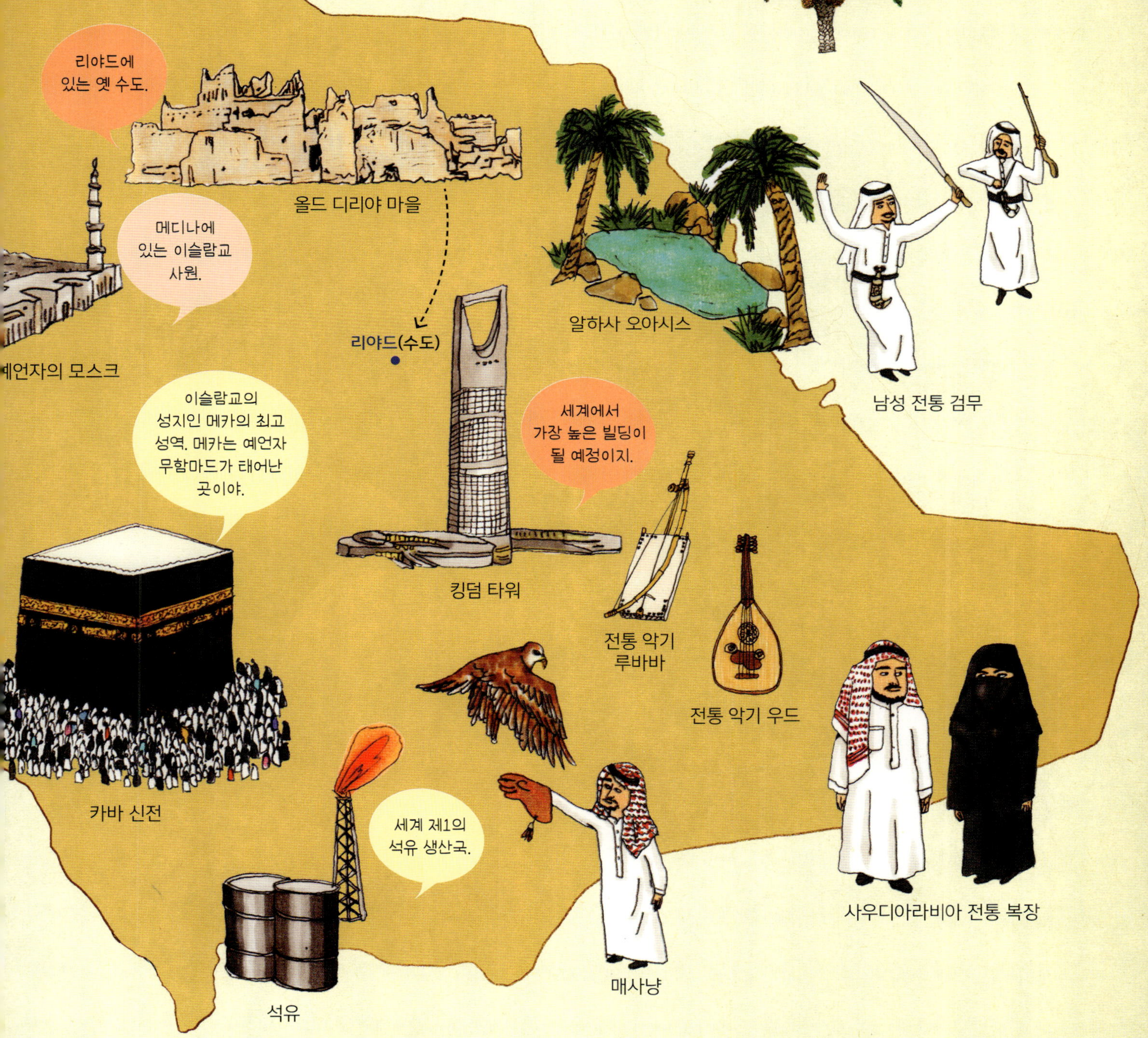

리야드에 있는 옛 수도.

올드 디리야 마을

메디나에 있는 이슬람교 사원.

예언자의 모스크

이슬람교의 성지인 메카의 최고 성역. 메카는 예언자 무함마드가 태어난 곳이야.

리야드(수도)

세계에서 가장 높은 빌딩이 될 예정이지.

알하사 오아시스

남성 전통 검무

킹덤 타워

전통 악기 루바바

전통 악기 우드

카바 신전

세계 제1의 석유 생산국.

석유

매사냥

사우디아라비아 전통 복장

두 대륙에 걸친 터키

터키는 아름다운 자연과 위대한 역사를 가진 나라예요. 지중해를 향해 툭 튀어나온 영토는 아시아와 유럽에 걸쳐 있어요. 사람 몸에 비유하면 주먹 하나 정도는 유럽에 있어요. 그래서 터키는 유럽과 교류가 잦았고, 지금은 유럽 연합이 되기를 희망하죠. 한국 전쟁 때 우리를 도와주어 형제의 나라로 불려요.

터키 국기

- 트로이 목마
- 로마의 대전차 경주장이었어!
- 히포드롬
- 예레바탄 지하 궁전
- 터키 사람들은 차를 하루 6잔 이상 마셔.
- 전통 과자와 차
- 이스탄불
- 마르마라 해
- 이 사이가 보스포루스 해협. 이 해협을 경계로 왼쪽은 유럽, 오른쪽은 아시아야.
- 영화 〈스타워즈〉의 촬영지! 신비롭고 멋지지.
- 트로이
- 앙카라(수도)
- 아야 소피아 성당
- 로마 시대부터 온천으로 유명했던 고대 도시 유적지.
- 카파도키아
- 이즈미르
- 파묵칼레
- 기암괴석
- 화산 폭발로 생긴 암석들이야. 최고의 관광지!
- 올리브
- 전통 음식 피테
- 전통 음식 쾨프테
- 아다나
- 가지안테프
- 올리브 나무
- 안탈리아
- 600년 이상 서아시아, 발칸 반도, 북아프리카 지역을 지배한 대단한 제국!
- 오스만 제국
- 회전 춤 세마 의식
- 빙글빙글 돌며 자기 자신을 잊고 신에 따라가는 의식.
- 터키 전통 복장

남아시아

남아시아는 아시아 남부의 인도 반도와 그 주변이에요. 마치 머리엔 히말라야 산맥 모자를 쓰고, 서쪽의 인더스 강과 동쪽의 갠지스 강이 수염처럼 흐르는 모양새예요. 기후는 절반으로 나누어 서쪽은 주로 건조하고, 동쪽은 덥고 습하죠. 힌두교와 불교가 남부아시아에서 태어났어요. 그리고 아주 오래전부터 힌두교와 이슬람교가 이곳 주민의 생활에 큰 영향을 미치고 있어요.

히말라야 산맥
인더스 강
갠지스 강
아라비아 해
벵골 만

동남아시아

동남아시아는 인도차이나 반도와 2만여 개의 섬으로 되어 있어요. 이곳은 과거 인도, 중국, 아라비아, 영국, 프랑스, 네덜란드, 미국 등의 지배를 받았어요. 그래서 아주 복잡한 역사와 문화가 뒤섞인 땅이지요. 동남아시아는 대부분이 1년 내내 여름 같은 열대 지역이에요. 동남아시아는 우리나라 사람들이 여행을 많이 가는 곳이에요. 그리고 많은 동남아시아 사람들이 우리나라에서 일을 하고 있어요. 동남아시아 친구들의 고향으로 가 볼까요?

1. 파키스탄
수도 : 이슬라마바드 / 인구 : 173,593 / 면적 : 796

 2. 인도
수도 : 뉴델리 / 인구 : 1,224,614 / 면적 : 3,287

 3. 네팔
수도 : 카트만두 / 인구 : 29,959 / 면적 : 147

 4. 부탄
수도 : 팀푸 / 인구 : 726 / 면적 : 38

 5. 방글라데시
수도 : 다카 / 인구 : 148,692 / 면적 : 144

 6. 미얀마
수도 : 네피도 / 인구 : 47,963 / 면적 : 677

 7. 타이
수도 : 방콕 / 인구 : 69,122 / 면적 : 513

 8. 라오스
수도 : 비엔티안 / 인구 : 6,201 / 면적 : 237

 9. 베트남
수도 : 하노이 / 인구 : 87,848 / 면적 : 331

 10. 캄보디아
수도 : 프놈펜 / 인구 : 14,138 / 면적 : 181

 11. 스리랑카
수도 : 스리자야와르데네푸라 / 인구 : 20,860 / 면적 : 66

 12. 말레이시아
수도 : 쿠알라룸푸르 / 인구 : 28,401 / 면적 : 330

 13. 싱가포르
수도 : 싱가포르 / 인구 : 5,086 / 면적 : 0.7

 14. 브루나이
수도 : 반다르스리브가완 / 인구 : 399 / 면적 : 5.77

 15. 필리핀
수도 : 마닐라 / 인구 : 93,261 / 면적 : 300

 16. 인도네시아
수도 : 자카르타 / 인구 : 239,871 / 면적 : 1,905

 17. 동티모르
수도 : 딜리 / 인구 : 1,124 / 면적 : 15

18. 몰디브
수도 : 말레 / 인구 : 316 / 면적 : 0.3

*초록색은 남아시아 국가, 나머지는 동남아시아 국가

· 인구 : 천 명, 2010년
· 면적 : 천 km², 2010년

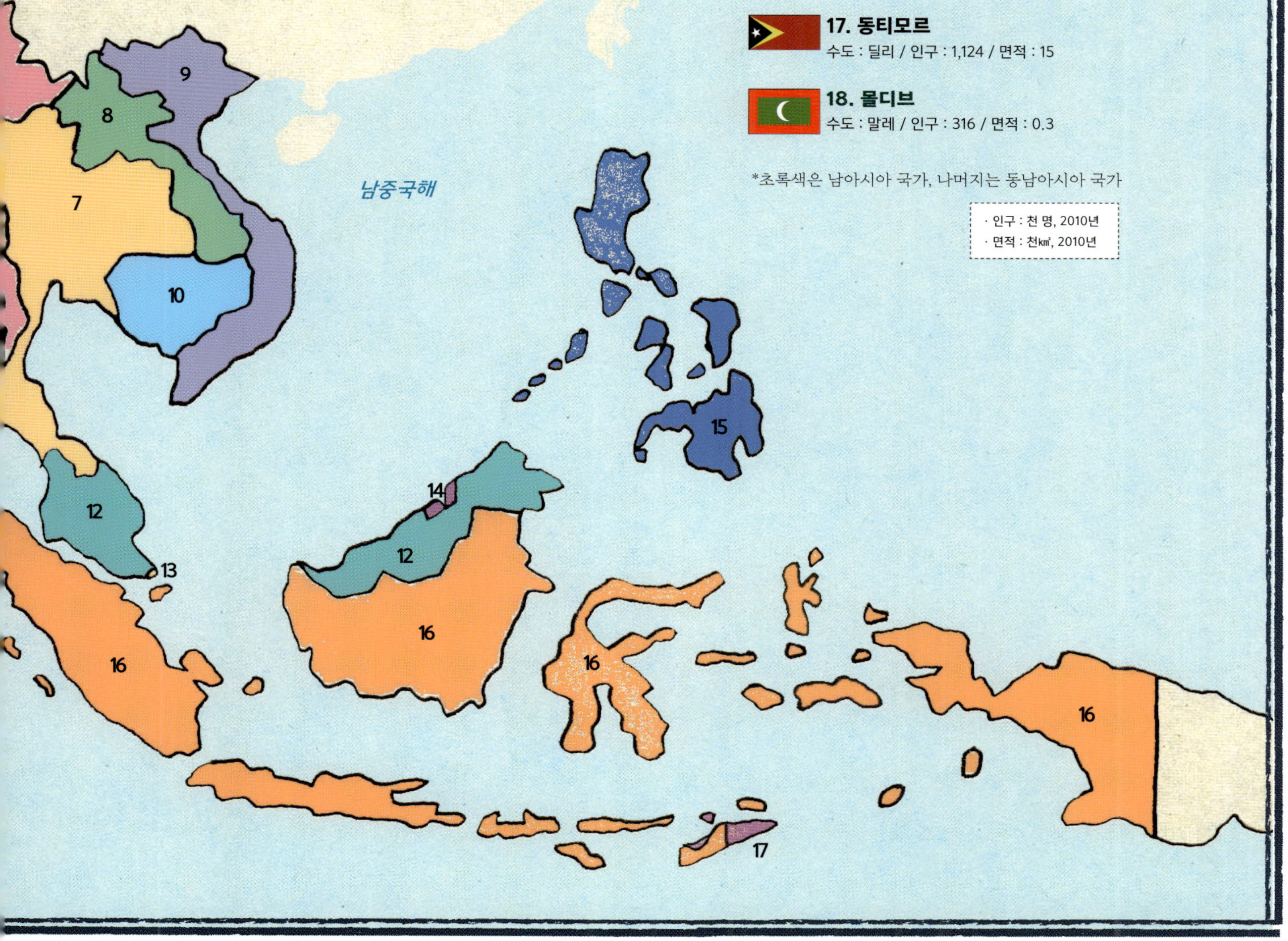

남중국해

인더스 강 문명의 중심 파키스탄

파키스탄은 본래 인도와 하나였어요. 그런데 인더스 강 주변의 사람들은 주로 이슬람교를 믿었기 때문에 힌두교를 주로 믿는 인도 사람들과 헤어져 나라를 세웠죠. 파키스탄에는 험준한 산이 많고 메마른 사막이 넓게 펼쳐져 있어요. 파키스탄에서 사람이 가장 많이 사는 펀자브 지역은 인더스 강 주변의 넓은 평야 지역이죠. 인더스 강 가는 4000년 전 고대 문명이 꽃피었던 곳이에요. 여기서는 사탕수수와 목화를 재배하고 양과 낙타도 키워요.

히말라야의 나라 네팔

네팔에는 세계에서 가장 높고 험준한 히말라야 산맥이 있어요. 히말라야 산맥에는 에베레스트·칸첸중가·마나슬루·안나푸르나 등 고도 8,000미터가 넘는 봉우리만도 14개인데, 그중 13개가 네팔에 있지요. 그래서 트래킹을 즐기려는 사람들은 네팔로 모인답니다. 인도의 영향으로 많은 사람들이 힌두교를 믿으며, 2008년에야 왕의 지배에서 벗어나 민주공화국이 되었어요.

네팔 국기

홍차의 나라 스리랑카

스리랑카 국기

스리랑카 땅은 인도 밑에 떨어진 눈물 한 방울처럼 생겼어요. 유럽과 아시아를 잇는 바닷길에 있어서 '인도양의 진주'로 불렸지요. 또 '동양의 진주'로 불릴 만큼 자연이 아름답고 고대의 불교 문화가 풍부해요. 스리랑카는 인도와 가깝지만 힌두교보다는 불교를 믿는 사람이 많아요. 또한 적도 주변에 있어서 열대 기후가 나타나고, 몸에 좋은 홍차를 많이 생산하는 나라예요.

스리랑카 전통 복장

요새처럼 솟은 화강암 덩어리. 세계 8대 불가사의 가운데 하나.
시기리야

스리랑카 전통 낚시.
스틸트 피싱

히말라야 산맥

2,200여 년 된 불교 사원.

누와라엘리야 차 생산지

지구 상에서 가장 오래된 축제 가운데 하나. 불교 축제이지.

담불라 석굴 사원

스리랑카에서 생산하는 홍차를 '실론 홍차'라고 불러. 실론은 스리랑카의 옛 이름이야.

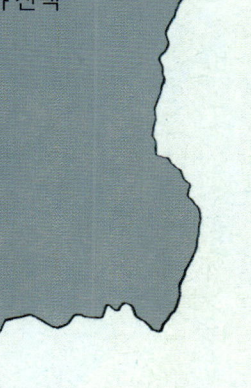

콜롬보 (행정 수도)
스리자야와르데네푸라 (입법·사법 수도)

누와라엘리야

스리휠

실론 홍차

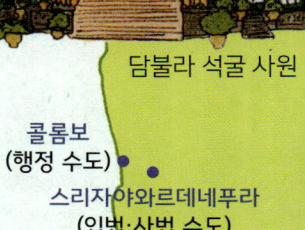

망고 나무

캔디 페라헤라 축제

자유와 관용의 나라 말레이시아

말레이시아 국기

말레이시아는 크게 2개의 땅으로 돼 있어요. 인구 10명 중 6명이 사는 말레이 반도와 말레이시아, 인도네시아, 브루나이 이렇게 세 나라로 분리된 보르네오 섬이죠. 말레이시아는 경제 발전이 눈부셔요. 나라 곳곳에 공장이 늘고, 주석·천연고무·팜유는 세계 최대 생산국이에요. 말레이시아에는 다양한 인종, 민족, 종교가 있지만 서로를 존중하며 평화롭게 살아요.

> 말레이시아는 이슬람 국가이지만 다른 종교도 공존해. 그래서 기독교 교회, 이슬람 모스크, 불교 사원 등이 함께 있지. 관용의 나라야.

섬으로 이루어진 인도네시아

인도네시아 국기

인도네시아는 크고 작은 섬 약 13,500개로 된 세계 최대 섬나라예요. 이 나라는 태평양과 인도양이 만나는 곳에 있어서 중국, 인도, 유럽 등에서 온 문화가 함께 있어요. 인구가 세계 4위, 이슬람교 신자가 세계 1위로 많은 나라지요. 또한 석유·천연가스·목재·보크사이트·고무를 많이 생산하는 나라죠.

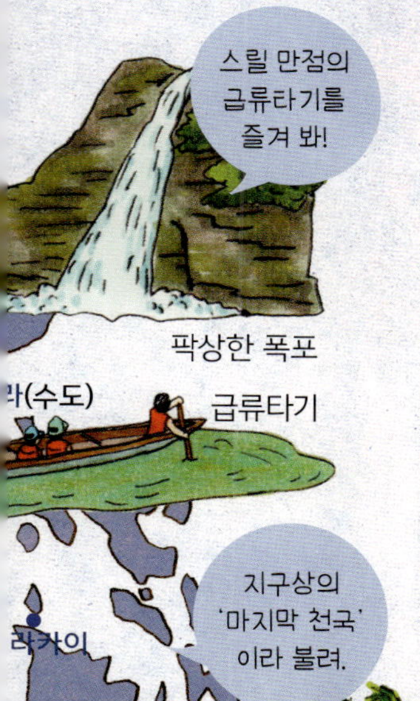
스릴 만점의 급류타기를 즐겨 봐!
팍상한 폭포
급류타기
지구상의 '마지막 천국'이라 불려.
세부

서양과 동양의 만남 필리핀

필리핀
말레이시아
인도네시아

필리핀 국기

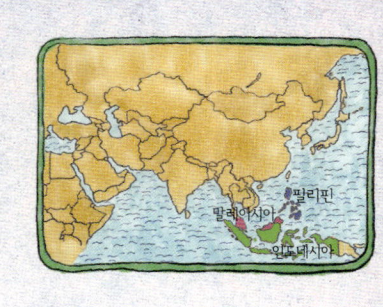

필리핀은 7,000여 개의 섬으로 이루어진 나라예요. 지진과 화산, 그리고 태풍 피해 등이 잦지만 무려 1억 명이 넘는 사람들이 살고 있어요. 아시아에 있는 나라인데 대부분 사람들이 가톨릭교를 믿는 특이한 문화예요. 언어도 타갈로그 어(필리핀 어)와 영어를 같이 쓰고 있어요. 이는 과거에 300년 넘게 에스파냐의 지배를 받았고 이후에는 40년 넘게 미국의 지배를 받았기 때문이에요.

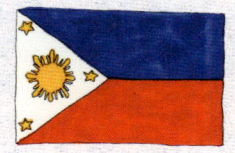

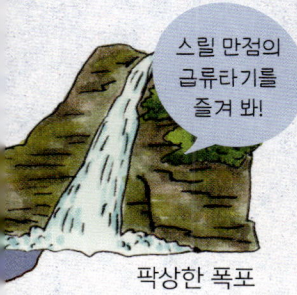

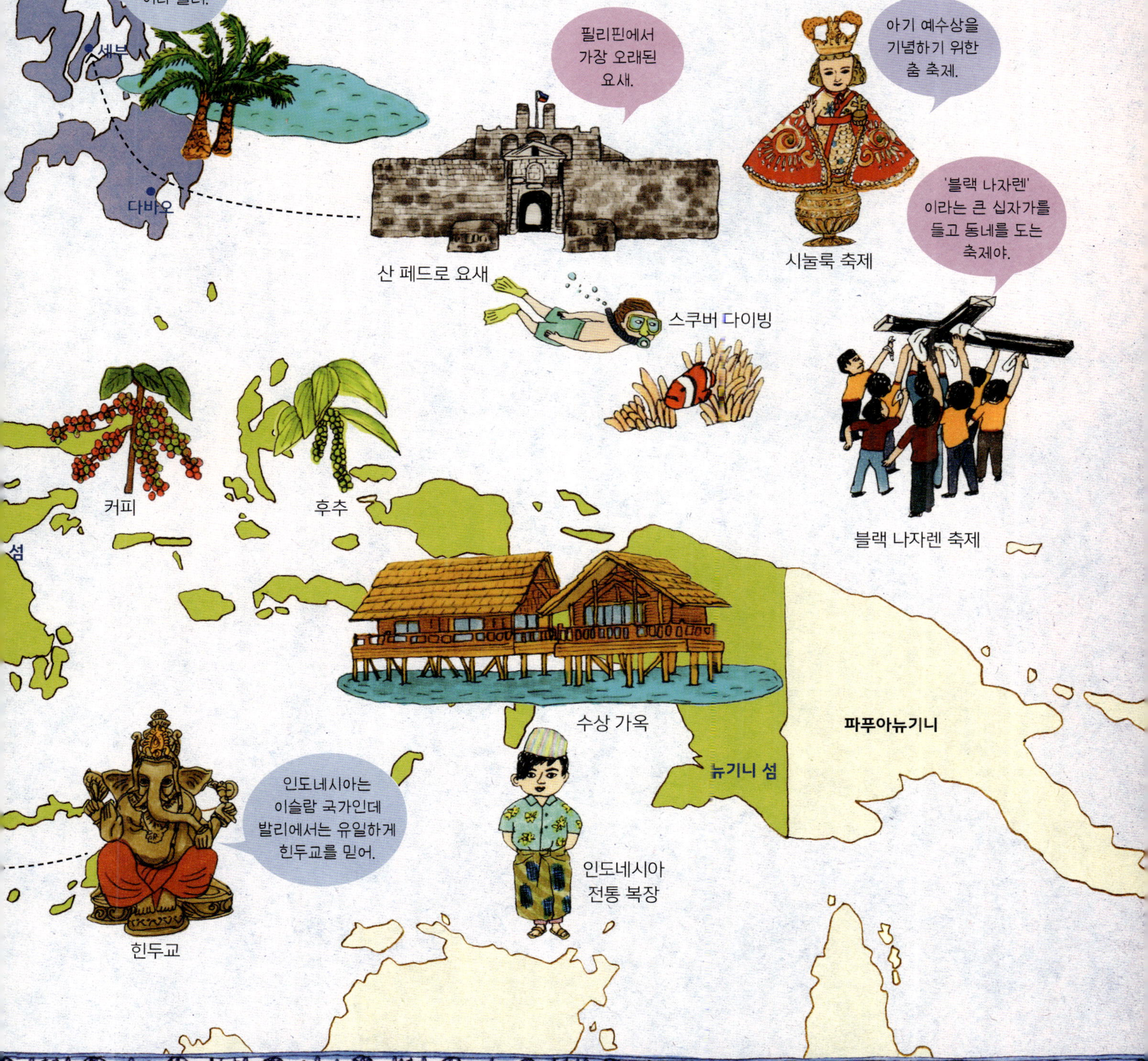
필리핀에서 가장 오래된 요새.
아기 예수상을 기념하기 위한 춤 축제.
다바오
산 페드로 요새
시눌룩 축제
'블랙 나자렌'이라는 큰 십자가를 들고 동네를 도는 축제야.
스쿠버 다이빙
커피
후추
블랙 나자렌 축제
수상 가옥
파푸아뉴기니
뉴기니 섬
인도네시아는 이슬람 국가인데 발리에서는 유일하게 힌두교를 믿어.
인도네시아 전통 복장
힌두교

동아시아

동아시아는 아시아 동쪽에 있으며, 고대 문명이 꽃핀 곳이에요. 약 16억 명의 인구가 살고 있으며, 우리나라 '한국'과 세계의 공장 '중국', 경제의 달인 '일본'이 있어요. 동아시아는 한자와 젓가락을 쓰고, '예의'를 중시하는 등 문화적으로 비슷한 부분이 많아요. 21세기는 아시아가 세상의 중심이 될 거예요. 그중에서도 동아시아의 발전이 눈부셔요.

1 몽골

2 중국

한국과 중국

한국과 중국은 역사적으로 수천 년 전부터 관계가 깊었어요. 또 두 나라는 한자 문화권으로 한자를 같이 쓰고 문화적으로 서로에게 많은 영향을 끼쳤어요. 하지만 1950년 한국 전쟁 이후 중국이 사회주의 나라가 되면서 교류가 거의 없었어요. 그러다가 1992년 정식 수교를 맺고, 국가 간의 교류가 시작되었죠. 중국은 우리나라의 수출 상대국 1위(2003년 이후), 수입 상대국 2위(2004년 이후)예요. 앞으로도 중국과의 관계는 더욱 깊어질 거예요.

한국과 몽골

약 800년 전 고려는 몽골의 침략과 지배를 받았어요. 그리고 이후 20세기 말까지 우리 민족은 몽골과 거의 교류가 없었지요. 그러다가 1990년대 들어 몽골에서 사회주의가 쇠퇴하면서 우리나라와 정식 수교를 맺었어요. 지금 수교를 맺은 지 불과 26년 만에 정치, 경제, 사회, 문화 등 거의 모든 분야에서 깊은 관계로 발전했어요. 몽골은 한국을 모델로 삼아 경제 발전에 박차를 가하고 있어요.

1. 몽골
수도 : 울란바토르 / 인구 : 2,756 / 면적 : 1,564

2. 중국
수도 : 베이징 / 인구 : 1,341,335 / 면적 : 9,597

3. 대한민국
수도 : 서울 / 인구 : 48,580(남한 기준) / 면적 : 223

4. 일본
수도 : 도쿄 / 인구 : 126,536 / 면적 : 378

· 인구 : 천 명, 2010년
· 면적 : 천㎢, 2010년

한국과 일본

예부터 역사·문화적으로 한국과 일본은 서로 영향을 주고받았어요. 그러나 19세기 후반부터 일본이 신식 무기를 갖춘 강대국이 되면서 20세기 초 한국이 일본의 식민지가 되었지요. 이런 역사 때문에 지금도 서로를 무시하고 미워하는 마음이 남아 있어요. 게다가 일본이 독도를 자기 땅이라고 우기고 있고, 일본의 침략 역사를 부정하는 교과서가 만들어지고 있어서 정치적으로 사이가 별로 좋지 않아요. 하지만 오늘날 일본은 중국, 미국 다음가는 무역 상대국이에요. 2002년에는 월드컵을 함께 개최하기도 했어요. 그리고 경제, 문화 교류는 더욱 활발해지고 있지요.

세계의 중심으로 급부상한 중국

중국 국기

중국은 '세상의 중심'이란 뜻을 가진 나라예요. 과거에는 최고의 과학 기술과 높은 사상의 나라였지만, 유럽과 미국 중심의 세상이 되면서 세계의 주변으로 밀려났어요. 그러다가 최근에는 다시 세계의 중심이 되고 있어요. 우리나라뿐 아니라 유럽이나 미국에서도 중국에서 만든 물건이 상점을 가득 채우고 있죠. 이제 중국은 인구 1위, 경제 2위, 영토 4위로 미국과 함께 세계 곳곳에 영향을 미치고 있어요.

인구 1위
경제 2위
영토 4위

- 연날리기
- 야크
- 나침반 — 세계 최초로 중국에서 나왔어.
- 둔황 막고굴 — 오아시스 도시 둔황에 있는 불교 유적이야.
- 비단 — 나도! 중국에서 처음 나왔어.
- 공자 — 내가 유교를 집대성했어.
- 종이 — 중국에서 처음 발명됐어.
- 티베트 고원 — 세계에서 가장 높고 큰 고원!
- 포탈라 궁 — 세계 문화유산이고, 티베트 전통 방식의 건축물이야. 지금 달라이 라마가 머물고 있어.
- 티베트 캄바 족 전통 복장
- 청화백자
- 마파두부
- 거산 대불 — 세상에서 가장 큰 불상이야.

가까운 이웃 나라 일본

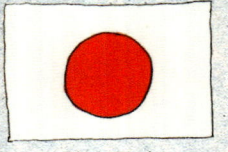
일본 국기

일본은 크게 4개 섬으로 이루어져 있고, 지진과 쓰나미, 태풍 등 자연재해가 잦아요. 제2차 세계 대전에서 패배하여 나라 전체가 매우 어려웠죠. 하지만 오늘날 일본은 높은 기술력을 가진 세계적인 경제 대국으로 발전했어요. 세계 어디를 가나 일본 자동차가 보이고, 집집마다 일본 물건 하나쯤은 있죠.

일본 전통 복장

> 일본 전통 연극으로, 배우들의 화장이 특이하지. 유네스코 세계 무형 유산이야.

가부키

초밥

고추냉이

생선회

라면

> 돼지뼈 라면은 역시 하카타! 된장 라면은 역시 삿포로!

지진해일(쓰나미)

태풍

지진

> 제2차 세계 대전 때 원자 폭탄이 떨어진 아픈 역사가 있는 곳이야.

히로시마 원폭 돔

벚나무

> 온천이 가장 유명한 곳은 오이타 현.

히로시마 · 고베 · 오사카 · 교토 · 나고야

후쿠오카 ·
오이타 ·
고치

온천

가고시마 ·

오사카 성

오키나와 섬

세계 최고의 산, 문명을 이룬 강

아시아에는 세계 최고의 에베레스트 산과 히말라야 산맥이 있어요. 8,000미터가 넘는 산들은 아시아에만 있죠. 그런가 하면 인도네시아와 필리핀, 일본처럼 태평양 가까운 곳에는 머리에 연기를 뿜어 대는 화산이 많지요.

한편 아시아의 강은 4대 고대 문명 중 3대 문명을 꽃피웠어요. 황허 강, 인더스 강, 유프라테스 강과 티그리스 강이에요. 강은 때론 물이 넘쳐서 주변에 비옥한 평야를 만들어 주고, 농사에 필요한 물도 주어요. 아시아의 대표 농업 지역은 주로 강을 끼고 있고 오늘날에도 강 주변에 대도시가 발달했죠. 그러고 보니 강은 인간의 어머니네요.

곳곳에 펼쳐진 거대한 사막

아시아에는 사막이 많아요. 사막은 주로 바다와 멀리 떨어진 대륙 안쪽이나 위도 20도 부근에 있어요. 중앙아시아의 사막, 중국의 타클라마칸 사막, 몽골의 고비 사막은 대륙 안쪽에 있지요. 이중 타클라마칸 사막과 고비 사막은 우리나라에 오는 황사가 시작된 곳이에요. 그런가 하면 아라비아 사막과 타르 사막은 위도 20도 부근에 있어요. 한편 사막엔 모래밭만 펼쳐져 있을 것 같지만 자갈밭에 바위가 울퉁불퉁 드러난 사막이 대부분이에요.

신기루 — 실제 그곳에 없는데 있는 것처럼 보이는 신비한 현상이야. 뜨거운 공기와 찬 공기가 섞일 때 나타나는 현상으로, 사막이나 극지방의 바다에서 주로 볼 수 있어.

낙타 — 사막에서도 사람이 살아. 낙타와 양을 기르는 유목민이 살고 있지.

다르바자 불꽃 구덩이 — 옛 소련이 천연가스를 채굴하다가 발견한 직경 약 70미터의 거대한 구덩이야. '지옥으로 가는 문'으로 불리기도 하지. 지금도 불타고 있어.

카라쿰 사막 — 대부분이 투르크메니스탄에 걸쳐 있는 사막이다. 세계에서 가장 긴 관개 수로인 카라쿰 운하(1,375킬로미터)로 물을 운반하고 있다.

우리 몽골 사람들은 초원과 사막이 섞여 있는 반사막 지대에서 유목 생활을 해.

몽골 여인과 집

등에 혹이 두 개인 쌍봉 낙타의 고향이 고비 사막이야.

고비 사막 — '거친 땅'이라는 뜻의 고비 사막은 아시아에서 가장 큰 사막이다. 한반도보다 무려 6배나 크다. 몽골과 중국에 걸쳐 있는 고비 사막에는 모래로 된 지역이 극히 일부이고 대부분 모래, 암석, 풀과 나무가 어우러져 있다. 때때로 초원 지대도 볼 수 있다. 우리나라로 오는 반갑지 않은 황사가 시작되는 곳이기도 하다.

낙타 탄 몽골인

낙타 (사우디아라비아)

오랑우탄 (말레이시아)

양 (이란)

젖 짜서 마시고, 털로 옷 지어 입고, 고기도 얻을 수 있는 양은 정말 이로운 동물이야.

악어 (타이)

코브라 (인도)

코브라는 맹독성 뱀이야!

소 (인도)

공작 (인도)

🌹 호랑이가 사는 땅, 아시아의 **동물**

아시아의 대표 동물은 호랑이예요. 우리나라뿐 아니라 중국, 인도, 타이 등에서도 호랑이는 신비한 동물이죠. 어떤 사람들은 호랑이님이라고도 불러요. 각 나라마다 귀하고 소중한 동물이 있어요. 타이의 코끼리, 인도의 소, 사우디아라비아의 낙타, 중국의 판다처럼 말이죠. 어떤 동물은 신처럼 우러름을 받고, 어떤 동물은 사람을 돕고, 어떤 동물은 어린이의 사랑을 독차지하죠.

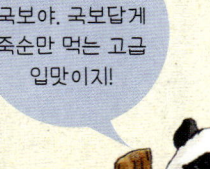

내가 중국의 국보야. 국보답게 죽순만 먹는 고급 입맛이지!

판다 (중국)

엄청난 양을 뽐내는 아시아의 석유

아시아는 석유가 풍부해요. 특히 아라비아의 페르시아 만은 세계 최대의 석유 매장지예요. 석유는 옛날 옛적 동식물이 죽어서 된 자원으로 오늘날 가장 중요한 자원이에요. 하지만 석유는 무한정 있는 것이 아니랍니다. 만약 지금 당장 아시아의 석유가 사라진다면 세계 곳곳에서 많은 공장과 자동차가 멈춰야 해요.

세계 석유 매장량 순위 (2012년도 기준)

1. 사우디아라비아
2. 베네수엘라
3. 캐나다
4. 이란
5. 이라크
6. 쿠웨이트
7. 아랍에미리트
8. 러시아
9. 리비아
10. 나이지리아

아시아는 세계 최대 석유 매장지이자 생산지이다. 석유 매장량이 가장 많은 10개 나라 가운데 아시아 나라가 5개국(노란색 표시가 아시아 나라)이다. 러시아는 아시아 나라는 아니지만 석유가 나는 지역은 대부분 북아시아인 시베리아 지역이다.

밤새워 해도 모자라는 아시아의
자랑거리

아시아는 세계에서 가장 넓고, 가장 많은 인구가 사는 대륙이에요. 그래서 아시아의 자랑은 밤새워 할 만큼 많아요. 1, 2, 3 같은 '아라비아 숫자', boy and girl 같은 영어 시간에 배우는 '알파벳', 몇 시 몇 분이란 '시간' 등이 모두 아시아에서 생겨났어요. 아시아가 있어서 지구가 더 아름답고, 아시아 사람이 있어서 세계가 더 풍요로워졌죠. 어때요? 우리의 아시아 대단하죠!

시간
보이지 않는 시간을 누가, 어떻게 구분했을까? 하루를 24시간으로, 1시간을 60분으로 말이다. 바로 지금의 이라크 땅에 살던 수메르 인이 구분했다.

아라비아 숫자
1, 2, 3 이렇게 표기하는 숫자를 아라비아 숫자라고 한다. 숫자는 인도에서 처음 쓰였고, 아라비아를 거쳐 유럽으로 전해졌다. 아라비아에서 전해졌다고 해서 '아라비아 숫자'라고 불린다.

종이
종이가 발명되기 전에 사람들은 가죽이나 뼈, 나무 껍질 들에 그림을 그리고 글씨를 썼다. 종이는 1900년 전쯤 중국에서 만들어졌다.

세계 최고 건물
세계에서 가장 높은 건물 1, 2, 3등이 모두 아시아에 있다. 그 가운데서도 가장 높은 건물이 아랍에미리트의 두바이에 있는 '부르즈 할리파'이다. 높이가 828미터, 163층짜리 건물이다. 한국의 건설사도 참가했다.

알파벳
지금의 레바논 지역에 살던 페니키아 사람들이 알파벳을 만들었다. 그것이 그리스와 로마로 전해진 뒤 모양이 조금씩 바뀌어 지금의 알파벳이 되었다.

연 대회

금기 음식

사우디아라비아 사람들은 종교, 문화적인 이유로 뱀장어, 게, 전복, 조개, 돼지고기 등을 먹지 않는다.

지역마다 다양한 샐러드를 곁들여 먹는 닭고기 볶음밥.

유목 생활을 하며 양을 키우는 중앙아시아에서 발달한 식. 양고기를 잘라 꼬치에 꿰어서 향신료를 뿌려 구워 먹어.

양고기와 밀가루를 주로 쓴 카자흐스탄 전통 음식.

양고기 꼬치구이 (중앙아시아)

베스빠르막 (카자흐스탄)

알캅사 (사우디아라비아)

신선한 야채, 버섯, 다양한 해산물과 육류를 살짝 데쳐 매콤한 칠리소스에 찍어 먹지.

타이수끼 (타이)

'난'이라는 빵을 커리에 찍어 먹는 인도 전통 음식. 거기에 탄두리 치킨을 곁들이고 후식으로 요구르트를 먹지.

코코넛과 쌀을 넣어 만든 밥. 스리랑카 사람들은 흰색을 좋아해서 매달 1일, 신년, 특별한 행사 때 이 하얀 밥을 먹어.

끼리밧 (스리랑카)

세계 3대 스프 가운데 하나. 시금하고 맵고 짜고 담백하고 달고 씁쓸한 맛, 이 모든 맛을 한꺼번에 느낄 수 있어 유명해졌어.

똠양꿍 (타이)

커리·난·요구르트, 탄두리 치킨 (인도)

생강   회향   후추   월계수 강황   커민

우리나라 빙수와 비슷해.

인도네시아식 볶음밥. 인도네시아에서는 별다른 도구 없이 손으로 음식을 먹어.

꼬챙이에 고기를 꿰어 잘 익힌 다음 썰어서 얇은 빵에 채소를 넣고 소스를 뿌려 먹어. 그 종류가 300가지가 넘지.

아이스까장 (말레이시아)

나시고렝 (인도네시아)

케밥 (터키)

독특하고 다양한 아시아의 말

아시아의 모든 사람과 대화하려면 약 2,000개의 언어가 필요해요. 우리는 한국어로 한국인, 중국 조선족, 중앙아시아의 고려인 등 약 8천만 명의 사람들과 말할 수 있어요. 만약 중국어를 안다면 약 14억 명의 중국인과 말할 수 있고, 아랍어로는 약 3억 명, 말레이 어로는 약 2억 명의 사람들과 말할 수 있어요. 하지만 아시아의 어떤 언어는 수백, 수천 명만 쓰죠. 그런 언어는 이제 곧 사라질 거래요.

사랑해

한국어 한국
우리나라에서 쓰는 언어.

আমি তমাকে ভালবাষি
아미 또마께 발로바시

벵골 어 방글라데시
방글라데시와 인도 일부에서 쓴다.

我愛你
워 아이 니

중국어 중국
힌디 어, 아랍 어와 함께 아시아의 3대 언어 중 하나. 중국 인구 약 14억 명이 쓰니 세계에서 가장 많은 사람이 쓰는 언어인 셈이다. 중국, 대만, 말레이시아, 싱가포르에서 사용한다.

Saya cinta pada Anda
사야 찐따 빠다 안다

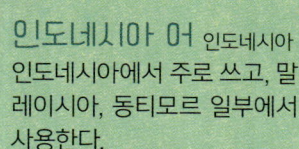

인도네시아 어 인도네시아
인도네시아에서 주로 쓰고, 말레이시아, 동티모르 일부에서 사용한다.

אני אוהב אותך
아니 오헤브 오타흐

히브리 어 이스라엘
유대 인의 언어로, 옛 이스라엘 왕국 시대에도 사용했다.

म तपाईलाई पुरेमा
마야 거르 츄

네팔 어 네팔
네팔의 공용어이고, 부탄과 인도 일부에서 사용한다.

मैं तुमसे प्यार करता हूँ
매 앞세 빠르 까르따 훙

힌디 어 인도
실제 인도의 공식 언어는 약 15개나 된다. 공직이나 공무원으로 일하려면 힌디 어와 영어를 모두 알아야 한다.

Я вас люблю
야 바쓰 류블류

러시아 어 북아시아
러시아 공용어로, 시베리아 지역과 옛 소련 국가, 동유럽 등에서 쓰인다.

● 사라질 위기에 처한 언어

전 세계에서 사용되는 6,000개 언어 중 2,500여 개가 사라질 위기에 처해 있다. 지금도 2주마다 평균 1개의 언어가 사라지고 있다. 언어가 사라지는 가장 큰 이유는 전쟁과 난민 발생 때문이다. 고국을 떠난 이들이 새로 이주한 지역의 언어를 배우며 적응하는 과정에서 모국어를 잊으면서 언어가 사라진다.

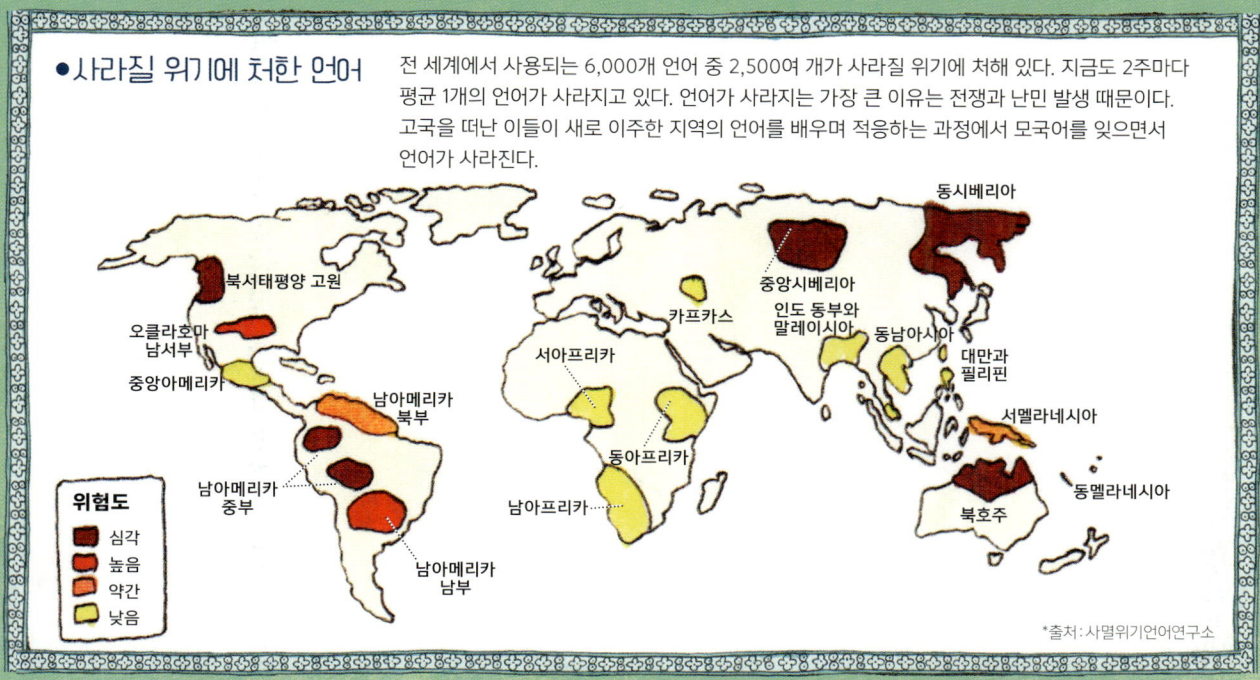

*출처: 사멸위기언어연구소

말레이 어 말레이시아
말레이시아에서 주로 쓰고, 브루나이·싱가포르·타이 일부와 필리핀 일부·인도네시아에서 사용하는 언어이다.

Saya suka anda
사야 슈카 안다

愛してる
아이시떼루

일본어 일본
일본과 팔라우 앙가우르 주에서 쓰는 언어이다.

دوستت دارم
만 드스레트 다람

페르시아 어 이란
이란을 중심으로 중동 지역에서 사용하는 언어이다. 서아시아 아랍권 국가들과 유럽의 에스파냐, 포르투갈 일부 등 10여 개 나라에서 쓴다.

Tôi yêu anh
또이 예우 아잉

베트남 어 베트남
베트남 모국어. 캄보디아의 크메르 어와 사촌 관계이다.

أحبك.
우힙부키

Би танд хайртай
비-탄뜨 하이르태-

아랍 어 사우디아라비아
아프리카·아라비아 반도 등 아랍권에서 25개국, 약 3억 명의 사람들이 사용하는 언어이다.

몽골 어 몽골
몽골의 공식 언어. 몽골과 중국 내 내몽골 자치구에서 주로 사용한다.

컴퓨터 게임보다 재미있는 아시아의 **놀이**

아시아 사람들은 지금도 여전히 재미있는 전통 놀이를 즐겨요. 전통 놀이는 할아버지가 하던 놀이이고, 할아버지가 아빠에게 가르쳐 준 놀이예요. 전통 놀이를 하면 가족끼리, 친구끼리, 마을끼리 더 친해지죠. 중국에선 폭죽놀이를, 필리핀에선 대나무 뛰기를 즐겨요. 컴퓨터 게임만큼 재미있는 놀이가 아시아에는 많이 있어요.

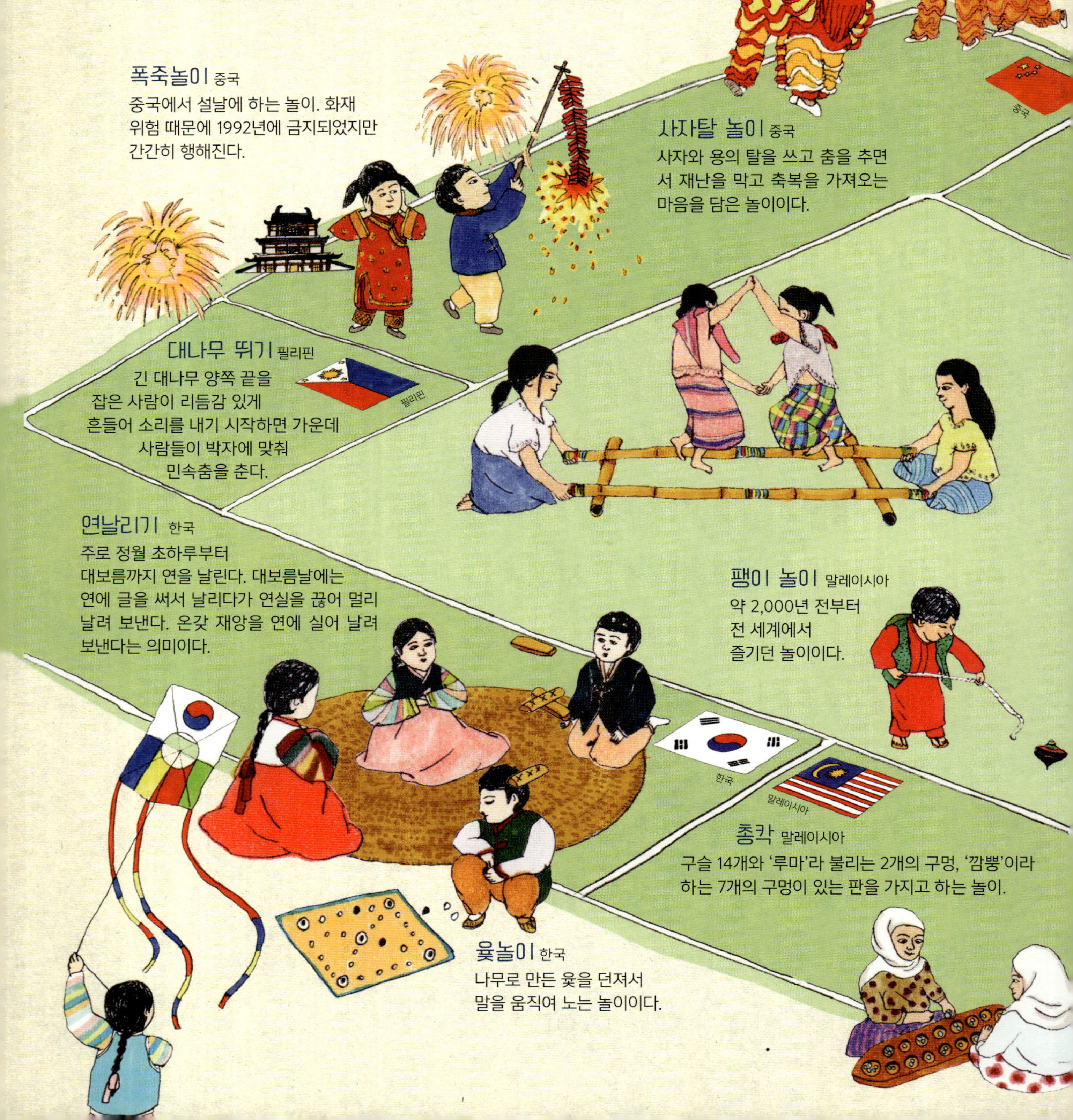

폭죽놀이 중국
중국에서 설날에 하는 놀이. 화재 위험 때문에 1992년에 금지되었지만 간간히 행해진다.

사자탈 놀이 중국
사자와 용의 탈을 쓰고 춤을 추면서 재난을 막고 축복을 가져오는 마음을 담은 놀이이다.

대나무 뛰기 필리핀
긴 대나무 양쪽 끝을 잡은 사람이 리듬감 있게 흔들어 소리를 내기 시작하면 가운데 사람들이 박자에 맞춰 민속춤을 춘다.

연날리기 한국
주로 정월 초하루부터 대보름까지 연을 날린다. 대보름날에는 연에 글을 써서 날리다가 연실을 끊어 멀리 날려 보낸다. 온갖 재앙을 연에 실어 날려 보낸다는 의미이다.

팽이 놀이 말레이시아
약 2,000년 전부터 전 세계에서 즐기던 놀이이다.

종각 말레이시아
구슬 14개와 '루마'라 불리는 2개의 구멍, '깜뽕'이라 하는 7개의 구멍이 있는 판을 가지고 하는 놀이.

윷놀이 한국
나무로 만든 윷을 던져서 말을 움직여 노는 놀이이다.

세계 종교의 고향, 아시아의 종교

사람들의 간절한 기도가 오랫동안 이어져 종교가 되었어요. 아시아에서는 불교와 이슬람교를 믿는 사람이 많아요. 특히 이슬람교를 믿는 사람들은 종교의 가르침에 따라 입고 먹지요. 유럽과 아메리카에서 주로 믿는 기독교는 아시아에서 생겨났어요. 이 밖에도 힌두교, 신교, 유교 등 아주 많은 종교가 아시아에서 태어났답니다. 아시아는 종교의 어머니네요.

마하보디 사원 (인도)

보로부두르 사원 (인도네시아)

붓다

쉐다곤 파고다 (미얀마)

불교
기원전 6세기 무렵 인도의 고타마 붓다에 의해 시작된 종교이다. 불교는 고타마 붓다가 펼친 가르침이고, 이를 믿는 사람들이 스스로 수양하고 진리를 깨달아 자신이 '붓다', 곧 '깨우친 사람'이 될 것을 가르친다.

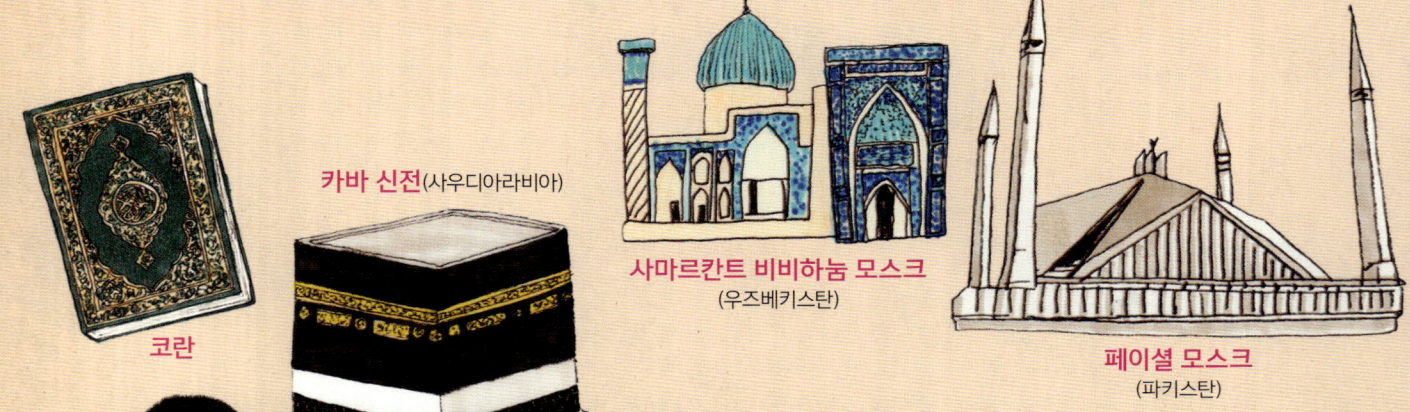

카바 신전 (사우디아라비아)

사마르칸트 비비하눔 모스크 (우즈베키스탄)

페이셜 모스크 (파키스탄)

코란

이슬람교
알라를 유일신으로, 무함마드를 예언자로 모시는 종교이다. '이슬람'이란 단어에는 평화와 복종이라는 뜻이 담겨 있다. 이슬람을 믿는 남자를 '무슬림'이라 하고, 여자는 '무슬리마'라고 부른다. 경전은 『코란』이다.

예수

성경

마닐라 대성당 (필리핀)

기독교

이스라엘의 예루살렘에서 태어난 종교로, 주로 유럽과 북아메리카 사람들이 많이 믿었지만 지금은 전 세계로 퍼져, 현재 가장 많은 사람이 믿는 종교이다. 천주교, 정교회, 개신교 모두 포함한다. 하느님과 그리스도 예수를 절대 신으로 믿으며, 경전은 『성경』이다.

아야소피아 성당 (터키)

힌두교

인도에서 탄생했고 인도 사람들이 주로 믿는 종교이다. 인도에 있는 갠지스 강에서 목욕하면 죄를 면하고 죽은 뒤에 이 강에 뼛가루를 흘려 보내면 극락에 간다고 믿는다. 그래서 갠지스 강에는 일 년에 백만 명 이상의 순례자가 다녀간다. 『베다』와 『우파니샤드』를 경전으로 삼고 있다.

프레아 비헤아르 사원 (캄보디아)

갠지스 강 목욕 의식

미손 유적지 (베트남)

앙코르와트 (캄보디아)

쿠르드 족 분쟁
세계 최대의 소수 민족인 쿠르드 족은 대다수가 이슬람교를 믿고 고유의 문화와 언어를 지키며 살고 있다. 그래서 쿠르드 국가 건국을 위해 오랫동안 싸우고 있다.

카스피 해 분쟁
세계 최대의 내해인 카스피 해를 두고 러시아, 카자흐스탄, 우즈베키스탄, 투르크메니스탄, 이란, 아제르바이잔 등 6개 나라가 벌이는 분쟁이다. 카스피 해에는 엄청난 석유가 매장되어 있기 때문에 분쟁은 쉽게 끝나지 않을 것이다.

카슈미르 분쟁
인도와 파키스탄이 영국에서 분리 독립하면서 영토 분쟁과 종교 분쟁이 섞여 카슈미르 지역은 현재 인도령과 파키스탄령으로 나뉘어 있다. 이 영토 싸움으로 1947년, 1965년 두 차례에 걸쳐 전쟁이 있었고, 지금도 간간히 무력 충돌이 계속된다.

이스라엘-팔레스타인 분쟁
팔레스타인 땅에서 지금도 유대 인과 아랍 인인 팔레스타인 사람들이 끊임없이 싸우고 있다. 한 땅에 함께 살기를 원치 않는 두 민족이 살고 있기 때문이다. 팔레스타인 땅에는 아랍 인과 유대 인이 함께 살고 있다가 유대 인이 대거 그곳을 떠났다. 오랫동안 나라 없이 떠돌아다니던 유대 인들이 제2차 세계 대전이 끝난 1948년 팔레스타인 땅에 유대 인 국가인 이스라엘을 세웠다. 세계 대전을 겪으며 영국이 아랍 인과 유대 인에게 서로 다른 약속을 한 게 큰 원인이 되었다. 팔레스타인 지역을 '지구의 화약고'라 부른다.

난사 군도 분쟁
남중국해 남쪽에 있는 난사 군도를 둘러싸고 중국, 대만, 베트남, 말레이시아, 필리핀, 브루나이 등 주변 6개 나라가 서로 자기 땅이라고 주장하고 있다. 바다 밑에 석유와 천연가스가 풍부하게 매장되어 있는 것으로 밝혀지면서 분쟁이 더욱 심해지고 있다.

쿠릴 열도 분쟁
쿠릴 열도는 일본의 홋카이도와 러시아의 캄차카 반도 사이에 있다. 이 쿠릴 열도의 가장 남쪽에 있는 4개 섬을 놓고 일본과 러시아가 다투고 있다.

우리 모두의 꿈 아시아의 **평화**

아시아에는 싸움도 많았죠. 아직도 끝나지 않은 분쟁이 60여 건이나 돼요. 대부분 땅과 자원을 차지하려는 싸움인데, 어떤 싸움은 종교나 민족이 다른 것이 원인이 되기도 해요.
최근에는 석유나 천연가스 같은 자원을 차지하려는 싸움이 심해지고 있어요. 계속 발전하기 위해서는 충분한 자원이 필요하기 때문이에요. 언제쯤 싸움이 없는 아시아가 될까요?

센카쿠 열도(조어도) 분쟁
동중국해에 있는 5개의 섬, 3개의 암초를 둘러싸고 일본, 대만, 중국이 다투고 있다. 바다 밑에 어마어마한 지하자원이 있기 때문이다.

길거리 음식만큼이나 우리가 좋아하는 놀이 수만큼이나
각양각색, 다양한 아시아

아시아는 재밌다!

 **지은이 조지욱**

현재 부천의 고등학교에서 지리를 가르치고 있습니다. 모르는 곳에 가서 그곳 주민처럼 머무는 여행을 좋아합니다. 시간이 날 때면 어린이와 청소년을 위한 책을 씁니다. 그 동안 쓴 책으로는 『동에 번쩍 서에 번쩍 세계 지리 이야기』, 『우리 땅 기차 여행』, 『문학 속의 지리 이야기』, 『서로 달라 재미있어!』, 『그림으로 보는 기후 말뜻 사전』, 『길이 학교다』 등 다수가 있습니다.

그린이 김소영

홍익대학교에서 영상 영화를 공부했습니다. 카메라에 사람들의 이야기를 담거나 그림책과 만화책 보기를 좋아합니다. 흰 도화지 같던 텃밭을 초록으로 물들이는 풀과 나무를 바라보며 즐거운 마음으로 그림을 그리고 있습니다. 그린 책으로는 『찰떡 콩떡 수수께끼』, 『설탕 따라 역사 여행』, 『나만의 특별한 그림책 만들기』, 『고릴라는 핸드폰을 미워해』 등이 있습니다.

아시아 지도 여행
아시아는 재밌다!

2016년 6월 3일 1판 1쇄
2024년 5월 30일 1판 5쇄

지은이 조지욱
그린이 김소영

기획·편집 최일주, 이혜정
디자인 민트플라츠 송지연
교정 최옥미
제작 박흥기
마케팅 이병규, 양현범, 이장열, 김지원
홍보 조민희
인쇄 (주)로얄프로세스
제책 책다움

펴낸이 강맑실
펴낸곳 (주)사계절출판사
등록 제406-2003-034호
주소 (우)10881 경기도 파주시 회동길 252
전화 031)955-8588, 8558
전송 마케팅부 031)955-8595, 편집부 031)955-8596
홈페이지 www.sakyejul.net
전자우편 skj@sakyejul.com
페이스북 facebook.com/sakyejulkid
인스타그램 instagram.com/sakyejulkid
블로그 blog.naver.com/skjmail

ⓒ 조지욱, 김소영 2016

값은 뒤표지에 적혀 있습니다. 잘못 만든 책은 구입하신 서점에서 바꾸어 드립니다.
사계절출판사는 성장의 의미를 생각합니다. 사계절출판사는 독자 여러분의 의견에 늘 귀 기울이고 있습니다.
이 책은 저작권법에 따라 보호받는 저작물이므로 무단전재와 무단복제를 금합니다.

ISBN 978-89-5828-979-1 77910